AF253751

Traité

DE

SERRURERIE.

CONTENANT

l'Indication des moyens de reconnaître les qualités du Fer, les procédés que l'on emploie pour le travailler au Marteau, à la Lime, à l'Estampe et à la Mécanique; la Description des Outils propres à l'exécution des Ouvrages de Serrurerie pour le Bâtiment celle d'un grand nombre de ces Ouvrages destinés à la Solidité à la Sûreté des Constructions, à la Clôture de leurs Bois et à la Commodité de leurs Escaliers.

avec Vingt-sept Planches grand in-folio,

Dessinées par l'Auteur et Gravées par Guiguet.

Par J.J. L.G. MONNIN,

à Paris,

chez JEAN, M^d d'Estampes, Rue S^t. Jean de Beauvais, N°. 10.

1828.

ART

DU SERRURIER.

Cet art tire son nom des serrures qui long-temps ont été son principal ouvrage. Mais aujourd'hui il s'est élevé à des objets plus vastes e plus importans : toutes les pièces de fer forgé qui entrent dans la construction des bâtimens et dans celle des machines de toute espèce enfin tous les outils et ustensiles qui sont en usage dans les arts et métiers, même dans les sciences sont pour la plupart des production de la serrurerie.

Le serrurier qui veut se distinguer dans sa profession doit avoir assez de connaissance du dessin, pour tracer lui-même sur le papie les plans et les élévations des grilles, des balustrades, des balcons et des autres ouvrages destinés à la sûreté et à l'embellissement de édifices, soit publics, soit particuliers, où le bon goût et l'élégance doivent être réunis à la solidité. Comment peut-on espérer, en effet qu'il parvienne à exécuter avec soin ce qu'il n'aura pu concevoir, et dont son crayon sera incapable de tracer l'image.

Un serrurier doit avoir aussi une connaissance parfaite des différentes sortes de fer, car chacune d'elles ne convient pas égalemen dans toutes les circon†ances. Par exemple, non-seulement le fer aigre ne convient pas aux mêmes ouvrages que le fer doux; mais cha cun d'eux doit être forgé et travaillé avec des précautions particulières ; le second doit être moins chauffé que le premier. D'ailleurs parm les fers aigres, il en est qui sont beaucoup plus cassans que les autres, et c'est ce à quoi il importe à l'ouvrier qui les emploie de faire l plus grande attention.

Le fer doux, toujours très malléable, se travaille facilement sous le marteau et avec la lime, mais on le polit beaucoup plus difficile ment que le fer sec et aigre, qui, quoique dur à la lime, et brûlant à la forge, prend un beau poli. Un gros barreau de fer ne doit pa être chauffé comme un menu, le feu est fait pour ramollir le fer et le rendre docile et malléable, mais le trop et le trop peu de chaleu sont également nuisibles, le fer chauffé à l'excès est souvent brûlé, celui qui ne l'est pas assez résiste au marteau; mais on peut répare ce dernier inconvénient tandis que le premier est sans remède.

Le serrurier doit aussi connaître les différentes qualités de charbons, il doit savoir que celui dans lequel il entre une grande quantit de souffre, ronge et grésille le fer à la forge.

Nous indiquerons dans ce traité, 1° les moyens de reconnaître les qualités du fer; 2° Nous donnerons les dessins et la description de divers outils propres à la serrurerie de bâtiment, et nous indiquerons l'emploi de chacun d'eux; 3° Nous donnerons les divers procédés d l'art, et les détails de ses diverses opérations, 4° Enfin, comme notre intention est de nous renfermer exclusivement dans la parti de la serrurie qui regarde les bâtimens, nous nous bornerons à présenter les dessins des divers ouvrages relatifs à cette partie.

MOYENS DE RECONNAITRE LES QUALITÉS DU FER.

1° On s'informe de la forge d'où il vient, car assez généralement les fers de la même forge sont à-peu-près de la même qualité. Néanmoins, comme il arrive assez souvent qu'il n'en soit pas ainsi, et que d'ailleurs les informations soient trompeuses, un serrurier prudent ne doit pas acheter de fer avant de s'être convaincu, par sa propre expérience, de ses bonnes ou mauvaises qualités.

2° Si les barres sont longues et minces, il suffit quelquefois pour se convaincre qu'elles sont trop aigres, de les soulever par un bout et de les secouer fortement, car dans le mouvement qu'on leur imprime elles se rompent assez souvent, mais la meilleure épreuve de ce genre, consiste à les dresser sur un bout et à les laisser tomber sur le pavé ; les fers trop aigres résistent rarement à cette épreuve, mais ces épreuves sont encore insuffisantes, puisque s'il est vrai qu'une barre de fer aigre étendue sous le marteau et rebattue à l'eau se casse toujours si on la laisse tomber de toute sa hauteur sur le pavé, néanmoins, si on prend soin de la faire recuire à un très grand feu, elle pourra devenir le meilleur fer possible pour la serrurerie.

Si on aperçoit sur la surface d'une barre des petites crevasses qui la traversent, c'est une marque qu'elle n'a pas été corroyée, qu'elle tient encore à la nature de la fonte et que le fer sera cassant à chaud et difficile à forger.

Si au contraire cette surface offre des petites veines noires dans la longueur de la barre, on peut être assuré que le fer a été bien corroyé.

Au reste, la meilleure manière de connaître la qualité du fer est de rompre la barre et d'examiner le grain. Pour faire cette opération,

On a recours alors à des tirans ou à des chaînes qui, armées d'ancres et traversant d'un mur à l'autre, s'opposent aux efforts que fait la charpente pour les contraindre à se jeter en dehors.

Ces ancres munis de leurs tirans sont représentés figure 1ᵉʳᵉ planche 3, 4 et 6. On doit les appliquer sur les faces extérieures des deux murs opposés, et les engager au moyen d'une soudure solide dans les deux extrémités d'un tiran ou d'une chaîne en fer qui traverse d'un mur à l'autre et suit la direction d'une ou de plusieurs poutres dans lesquelles il se perd.

Un tiran est une barre de fer d'une seule pièce, une chaîne est un composé de plusieurs barres unies ensemble, et dont les figures 7, 8, 12 etc. de la planche première présentent l'idée. On donne maintenant aux chaînes une forme différente, en place de l'anneau, on pratique dans une des deux barres de fer qui forment un chaînon, une mortaise dite en enfourchement, et on fait à l'extrémité de l'autre, en place du crochet, un tenon d'une longueur proportionnée à la profondeur de cette mortaise, dans laquelle on le fixe par des chevilles en fer. Cette espèce de chaîne a sur l'autre l'avantage d'être plus fixe, mais je doute qu'elle soit plus solide.

Il est facile de concevoir qu'un tiran d'une certaine longueur, à moins qu'il ne soit d'une forte dimension sur toutes ces faces, ne contribuerait que faiblement à la sûreté d'une construction vicieuse, et que si ses dimensions étaient telles qu'elles lui donnassent une suffisante résistance, elles augmenteraient son poids, au point, qu'au lieu de soutenir les murs il les écraserait; il n'en est pas de même des chaînes qui, unies l'une à l'autre, comme on le voit figures 8 et 13 de la planche première, conservent la solidité et la tenacité propres à chacune d'elles, et peuvent se prolonger indéfiniment sans augmenter de volume, d'ailleurs on peut en fixer une à chaque extrémité d'une poutre au moyen d'un boulon figure 9 qui l'y retiendra : ainsi les ancres maintenus sur la face de chacun des murs, en empêcheront l'écartement, et ils ne seront pas aussi surchargés que si un tiran en fer passait de l'un à l'autre.

On construit en fer des armatures pour joindre l'une à l'autre deux poutres, ces armatures peuvent avoir tant de figures diverses selon leur emploi et la forme des bois, à la réunion desquelles elles sont employées, que nous n'avons pas cru devoir les représenter ici.

On emploie aussi, pour porter les lambourdes, des corbeaux en fer dont les plus élégans sont représentés par la figure 6, planche 1ᵉʳᵉ, voilà tout ce que nous avons à dire de la serrurerie en tant qu'elle est employée à concourir à la solidité des bâtimens.

Nous ne parlerons pas ici des chaînes en fer si vantées par M. Rondelet, dans son ouvrage intitulé l'*Art de bâtir*. C'est un fort mauvais moyen que le fer pour unir, l'une à l'autre, des pièces taillées, qui, dans toutes les constructions, doivent se soutenir mutuellement par la forme et la position que l'art de l'architecte sait donner à chacune d'elles.

DES OUTILS PROPRES A L'EXÉCUTION DES OUVRAGES DE SERRURERIE POUR LE BATIMENT.

Ces outils sont Planche 1ʳᵉ, une machine à étirer le fer, représentée par la figure 1; un étau fixé à son établi, figure 2; des marteaux de forge, figures 10 et 11, même planche.

Une enclume, figure 2 et 3, planche 4; une filière 1 et 5 et des limes, figure 7 et 8 même planche; un marteau propre à clouer, figure 11, planche 3.

Un soufflet de forge, planche 5 figure 1; une machine propre à percer le fer armée de sa langue de carpe, fig. 2.

DES OUVRAGES DE SERRURERIE DESTINÉS A LA SURETÉ DES HABITATIONS ET DES PROPRIÉTÉS.

Ces ouvrages sont les portes, les grilles, les balcons et les chevaux de frise connus sous le nom d'artichaud (et les fenêtres).

DES FERREMENS DE PORTE.

Ces ferremens doivent être plus ou moins forts selon que les portes sont plus ou moins lourdes et massives; la figure 6 de la planche 4 représente une des deux plate-bandes propres à soutenir une porte très massive et à la porter ainsi qu'à la faire tourner sur ses gros gonds.

Les figures 1 et 2 représentent une porte battante avec son pivot à équerre et à col de signe, *a b* est son pivot simple, et *c d* son pivot à col de signe.

PLANCHE 3.

Cette planche représente une serrure vue sur sa face externe figure 1, et sur sa face interne fig. 2, avec son penne *b c* mêmes figures, la figure 3 représente le même penne vu isolément. La figure 4 est une gache, la figure 6 est une pomelle double sur laquelle tourne le battant d'une porte; la figure 7 est un crampon que l'on enfonce fortement dans le montant d'une porte jusqu'en *a* et dont on fait rebrousser les pointes *b* pour le fixer d'une manière forte et invariable en sorte qu'il ne puisse être ébranlé par le verrou qu'il reçoit en *o*.

La figure 8 représente une targette avec son verrou *a* et son bouton *b*.

La figure 9 est une fiche avec son bouton *a*.

Enfin la figure 10 représente une charnière avec les six trous qui doivent donner passage aux vis propres à la fixer.

Les fiches et les charnières telles qu'elles sont représentées ici ne s'emploient guère que pour des fermetures légères telles que les chassis de croisées; la différence qu'il y a entre une fiche et une charnière, c'est que les ailes *b c* d'une fiche, fig. 9, sont enfoncées dans le bois, de manière qu'il ne reste d'apparent que son pivot, tandis que celles d'une charnière, fig. 10, restent apparentes. La figure 11 de la même planche représente un marteau pour enfoncer des clous, des crampons, etc.

DES GRILLES.

PLANCHE 1, 2 ET 5.

Les grilles en fer plus solides que les portes en bois sont destinées à fermer les baies pratiquées dans les murs des édifices aux malfaiteurs de toute espèce ; autrefois on les faisait avec des barreaux de fer carrés passés dans une ou plusieurs traverses fixées dans le mur avec du ciment, par leurs extrémités *a a*, planche 2, figure 4. Aujourd'hui que l'on a trouvé le moyen de faire des barreaux ronds dans les forges mêmes, les troux des traverses se font ronds, voyez même planche fig 3, et l'on n'emploie plus les barreaux carrés, si ce n'est aux extrémités latérales des grilles, pour soutenir l'ensemble de l'ouvrage ; ces barreaux s'assemblent à tenons et à mortaises par en haut et par en bas comme on le voit planche 1re, figures 12 et 13. La figure 14 de la même planche représente un morceau de fer armé de pointes que l'on fixe fortement sur la partie supérieure des murs et des grilles, pour empêcher les voleurs de les escalader.

Il y a des grilles fixes, il y en a qui tournent sur des pivots ; la planche 5 représente une grille mobile à deux battans, elle est figurée ici à peu près telle qu'elle existe au porche du chevet de l'église Sainte-Geneviève. Ces sortes de grilles portent elles-mêmes leurs pivots qui tournent dans des cavités pratiquées dans des morceaux de fer ou de fonte fixés et cimentés dans les seuils et les linteaux des portes.

PLANCHE 7.

La planche 7 représente une grille construite d'après les dessins de M. Viguier architecte, pour une des maisons construites sous la direction de cet artiste, dans le nouveau quartier de François Ier, aux Champs-Élysées. Les traverses *c* de cette grille sont placées par l'une de leurs extrémités principales *a* dans le mur du pilastre *b* ; de l'autre côté, elles enveloppent le faisceau *d* qui, servant de soutien à cette construction se répète de dix en dix barreaux. Les traverses sont au nombre de trois, deux en haut et une seule en bas, en sorte que la partie inférieure de cet ouvrage n'aurait pas autant de stabilité que la supérieure, si les pieds des barreaux n'étaient pas scellés dans les cavités d'une pièce de fonte *e*. Ces barreaux portent en amortissement des tulipes dont les calices s'élèvent en espèce de dard, le faisceau *d*, est surmonté d'une pomme de pain.

La grille de la baie percée dans le mur est immobile comme la première, elle n'est soutenue que par deux traverses *c*, cimentées dans les montans de la baie ; elle est décorée comme la première : les ornemens sont suivant l'usage généralement adopté, en cuivre fondu.

PLANCHE 8.

La grille qui est figurée dans cette planche a été construite rue Galande, d'après les dessins de M. Poleau, pour décorer et défendre les baies de la boutique de M. Buzenet, marchand de vin ; les pilastres *a* et leurs chapitaux *b* aussi bien que leurs embases *c*, sont en fer fondu, les traverses *y* sont fixées dans des mortaises et retenues par des goupilles ; les bases et les chapitaux des barreaux que soutiennent les traverses sont en cuivre ; les deux courbes *g* qui, partant du sommet de chaque barreau, retombent à droite et à gauche en s'entrecroisant d'un barreau à l'autre entre les deux colonnes, sont en fer carré de carillon ; les ornemens *e* qui se trouvent entre le linteau de la porte et l'architrave de l'entablement se composent d'un lozange, de deux flèches et d'une couronne, les bases des barreaux portent sur une espèce de socle composé de deux traverses inférieures et de morceaux de fer, qui se croisent en formant des quadrilatères, dont l'un des angles se trouve à l'aplomb des barreaux.

En changeant les ornemens et les attributs de cette belle grille, il est facile de la faire servir à la décoration et à la sûreté d'une boutique destinée à tout autre profession que celle de marchand de vin.

PLANCHE 9.

Cette grille devait être employée au cimetière Mont-Louis, les ornemens sont adaptés à sa destination ; ce sont entre les deux traverses inférieures et au-dessous des barreaux, deux faux en croix et deux caducées, à l'aplomb desquels s'élèvent les deux barreaux latéraux, assemblés dans la seconde traverse, et s'élevant jusqu'à la hauteur de la troisième avec laquelle ils sont assemblés de la même manière qu'avec la première. Cette troisième traverse est encore surmontée d'une quatrième, et entre ces deux dernières, on remarque des ornemens parfaitement analogues à la circonstance. De chaque côté de cette grille, s'élèvent deux pilastres formés chacun de deux barres de fer carrées et montantes avec lesquelles sont assemblées toutes les quatre traverses horizontales ; chacun de ces pilastres porte sur un socle en fonte encadré dans un quadrilatère que forment les pieds de ces barres avec les extrémités de ces pilastres. Au-dessus de ce socle, s'élève un piédestal entre l'embase et le chapiteau duquel on remarque deux torches en croix, enfin ce piédestal porte lui-même un trépied antique ayant en amortissement un vase dans lequel brûle des parfums.

PLANCHE 10.

La grille que présente cette figure ne diffère de celle de la planche 9 que parce que les pilastres sont plus simples, du reste, la composition générale en est la même.

Les ornemens et la composition de cette grille qui est de l'invention de M. Leiris serrurier, sont fort ingénieux quoiqu'un peu compliqués; elle est encadrée entre deux pilastres portant un entablement d'ordre corynthien, et quoique très légère en apparence, elle réunit toutes les conditions qu'exigent les principes de la solidité. Les montans au nombre de quatre, et les traverses au nombre de sept, sont tous scellés dans la maçonnerie par les deux bouts, et les parties circulaires et transversales se prètent un appui réciproque.

Toutes les parties de cet ouvrage de serrurerie, sont en tôle de fer, moulé d'après les procédés mécaniques inventés par M. Leiris.

Ces procédés ont sur tous ceux que la serrurerie avait employés jusqu'à présent des avantages très précieux, pour l'exécution d'une infinité d'ouvrages qui jusqu'alors n'ayant pu être exécutés qu'en bois, présentaient de nombreux *inconvéniens*. Par exemple, les croisillons de chassis de fenêtre, exécutés en bois, devant avoir onze fois plus de volume en tous sens, que ceux en tôle de fer, que M. Leiris exécute avec sa mécanique, interceptaient onze fois plus de rayons lumineux et diminuaient ainsi considérablement le jour dans les appartemens, les boutiques et les ateliers. D'un autre côté, le bois étant sujet à se gonfler par l'humidité et à se dessécher par la chaleur, présentait peu de solidité dans un climat où les variations de l'atmosphère sont aussi fréquentes que dans celui de la France. A la vérité on peut reprocher au fer les mouvemens de dilatation que lui fait éprouver la chaleur, et ceux de contraction que lui donne le froid. Mais ces inconvéniens qui sont presque inappréciables dans des barres de plus d'une toise de long, se réduisent presqu'à rien dans des parties aussi courtes que des croisillons de chassis. Les avantages des procédés de M. Leiris, ont été si bien appréciés, que plusieurs serruriers de Paris ont cherché mais en vain à les imiter, et qu'ils ont été appliqués avec le plus grand succès par nos plus habiles architectes, à des constructions publiques et particulières.

Il arrive souvent que l'on emploie les grilles pour remplacer le panneau médian d'une porte, la figure première de la planche douze offre un exemple de cette pratique, dans la grande porte cochère à deux battans qu'elle représente; il résulte de cette méthode quelque avantage par rapport à la salubrité des cours et des allées fermées par ces sortes de portes, l'air y circule et s'y renouvelle plus librement : d'ailleurs par ce moyen le propriétaire a aussi l'avantage avant d'ouvrir sa porte de pouvoir reconnaître ceux qui y frappent et de ne point les recevoir s'il les croit ses ennemis.

Nous observerons ici relativement aux grilles en général, que le fer étant susceptible de mouvemens alternatifs de condensation par le froid et de dilatation par le chaud, doit être fixé assez solidement par l'une et l'autre de ces extrémités, pour que ce mouvement ne tende pas à les désunir, ainsi par exemple : si les barreaux et les montans, sont scellés dans un mur, on aura soin que les extrémités sur lesquelles s'opère le scellement, se divisent en deux ou trois parties, de sorte que bien cimentés par le mortier ou par le plomb dans les cavités pratiquées pour les recevoir, elles n'y subissent aucun ébranlement dans leur mouvement de dilatation ou de condensation. On construira toujours les pièces principales qui font la solidité des grilles, telles que les montans verticaux, et les traverses horizontales en fer carré de six centimètres au moins d'épaisseur, pour les premières et autant pour les secondes, en ayant soin de renforcer par des bossages dans les traverses les parties correspondantes aux trous par lesquelles passent les barreaux, en sorte qu'il se trouve partout une égale quantité de matière.

DES BALCONS.

Les balcons se construisent de trois manières différentes, selon qu'ils se trouvent compris entre les deux murs d'une croisée, ou posés sur le bord extérieur de la banquette, ou enfin placés sur le bord d'un balcon, faisant une grande saillie sur le nu du mur du bâtiment. Ces derniers méritent seuls le nom de balcons, les autres ne sont, à proprement parler, que des appuis pour ceux qui veulent prendre l'air, ou se distraire en regardant par les baies de leurs croisées.

Les planches 13, 14 et 15 présentent six balcons de la première espèce, chacune deux, la planche 18, figure 8, en représente un de la seconde, et les planches 16, 17 et 18, en présentent chacune deux, enfin la planche 19 en représente un de la troisième.

Les balcons figures 1 et 4 de la planche n° 13, sont construits en tôle de fer et leurs traverses horizontales sont scellées dans les murs latéraux des croisées *a*. Les montans latéraux *m* sont assemblés par le haut et par le bas, avec les traverses, l'intérieur est une fiche de fer plus mince que les pièces en cuivre fondu et poli.

Il est inutile d'entrer dans de plus longs détails sur cette sorte d'ouvrages; l'inspection des planches suffira pour en faire connaître la construction. Nous ferons seulement remarquer ici, que tous ceux que nous présentons, excepté celui qui se trouve à la planche 14, fig. 2, sont en tôle de fer; que toutes les parties qui les composent portent des moulures faites à la mécanique : ils sont assemblés sans soudure avec les traverses par un procédé particulier à l'inventeur de cette nouvelle manière d'employer le fer.

Quant au balcon, fig. 2 de la planche treize, il est construit à la manière ordinaire; les traverses *a* et *b*, et les montans *c*, sont en fer carré, l'intérieur est partie en fer de carillon et partie en petit fer rond ou plat. Par exemple, les flèches sont composées de ces deux dernières espèces de fer ; quant aux patères *d*, elles sont en cuivre fondu et doré.

Les balcons représentés dans les planches 12, 14, 17, 18 et 19 diffèrent de ceux dont il vient d'être question, en ce que, posés sur le bords de la banquette d'une croisée au lieu d'être compris dans les chambranles, ils les embrassent au moyen d'un retour à angle droit que for leurs traverses tant supérieures qu'inférieures pour aller se fixer dans les parremens extérieurs des montans des croisées. La travers inférieure d est ordinairement fixée sur le bord de la banquette f par deux ou trois boutons g qui y sont scellés et qui sont assemblés ave la traverse. Ces balcons ont donc plus d'étendues que les premiers, puisqu'ils embrassent les parties qui embrassaient les autres; e puisqu'ils ont des parties latérales en retour d'une étendue proportionnée à la saillie de la banquette sur le bord du mur, dans laquell leur traverse vont se sceller. Aussi est-il important pour la solidité de ces sortes d'ouvrages que leurs traverses et leurs montans soient e fer carré de trois centimètres au moins. On les couronne ordinairement de plate-bandes h en fer ou en bois avec moulure qu s'assemblent avec les montans et reposent sur toute la longueur de la traverse supérieure. L'intérieur de ces balcons doit être garn de fer de carillon, de petit fer rond et plat, ils sont susceptibles de prendre plusieurs formes; ils peuvent recevoir toutes sortes d'ornemen tantôt ce sont des patères en cuivre doré comme dans la fig. 2 de la planche 12, tantôt ce sont des mascarons comme dans la figure d de la planche 16, tantôt ce sont des arabesques comme dans la fig. 1 de la même planche.

Les parties latérales du balcon, représenté par la fig. 2 de la planche 12, simulent des faisceaux.

Nous ne donnerons point d'échelles de proportion, parce qu'elles varient selon la largeur des baies des fenêtres et la hauteur du sol d plancher; et parce qu'un balcon pour terrasse peut s'appliquer à des fenêtres du troisième et quatrième étage, en changeant la hauteu des montans droits et la longueur des traverses horizontales, en ayant soin d'augmenter la force des parties principales proportionnel lement à leur longueur, en sorte qu'elles puissent toujours se soutenir par elles-mêmes. Les balcons que nous donnons ici peuvent servi d'exemple.

Le balcon représenté par la planche 19 est placé sur une terrasse g, portée par les cinq consoles h, et faisant une saillie de trois pied sur le nu du mur; il est composé de la traverse supérieure a et de la traverse inférieure b et des cinq montans c, fixés par cinq bouton au bord de la terrasse; ces montans sont entortillés de serpens; les paters d sont en cuivre fondu et bruni; les flèches sont en petit fe rond; leurs pointes et leurs plumes sont en petit fer plat et les petits poinçons e sont en fer de carillon.

Planches 20, 21, 22, 23, 24, 25 et 26.

CHASSIS DE CROISÉE ET DE PORTE VITRÉE EN TOLE DE FER, INVENTÉS PAR M. LEIRIS SERRURIER.

Au moyen d'une machine de son invention, M. Leiris, comme nous l'avons déjà dit, imprime à la tôle des moulures aussi parfaites qu celles que pourraient exécuter les plus habiles menuisiers; il obtient par ce moyen des chassis de croisée qui, à l'avantage d'être plus solide que ceux en bois, joignent celui d'être moins larges, moins épais et de laisser pénétrer plus de jour dans les appartemens : ces chassis son assemblés solidement et sans soudure, les verres y sont maintenus au moyen du mastic qui, sans pénétrer dans le fer, n'y fixe pas moins l carreau d'une manière invariable. La planche 20 présente un chassis à deux battans, surmonté d'une archivolte munie de son vitrage et exécuté d'après ce nouveau procédé; les battans de cette croisée s'ouvrent et se ferment au moyen d'une espagnolette ordinaire représentée planche 4, fig. 4 et 5.

La planche 21 représente une porte vitrée à deux battans, surmontée d'une archivolte et exécutée pour une serre dont le vitrage s'éten à droite et à gauche, la fig. 2 de la même planche est une croisée cintrée et dormante avec son chassis.

La planche 21, fig. première représente une porte vitrée à deux battans, donnant sur une terrasse ou sur un grand balcon, et sur montée de son archivolte; la fig. 8 est une croisée cintrée à un seul battant, les parties inférieures de ces battans sont garnies de croi sillons ornés de patères qui peuvent être vitrés.

La planche 23, fig. 1 et 2, présente encore des croisées de même genre, toutes deux avec archivoltes, mais où les chassis sont dis tribués d'une manière différente.

La planche 24, fig. première, présente une croisée carrée à deux battans dont les croisillons sont distribués tantôt en carré, tantôt e lozanges, tantôt en triangles: la fig. 2 est une porte vitrée où les croisillons forment entr'eux des figures aussi variées que dans la croisé précédente; les fig. 3 et 4 de la même planche, sont deux chassis à tabatière, dont l'un est un carré long et l'autre est cintré.

La planche 25, fig. première, représente un battant de porte vitrée; la fig. 2 est une lanterne pour un comble.

La planche 26, fig. 1 et 2, représente des vitraux exécutés le premier, pour S. A. R. Madame la Duchesse de Berry, à Rosni; le second, pour S. A. R. Madame la Dauphine, à Villeneuve l'Étangs.

Les fig. 3 et 4 de la même planche, représentent, l'une la longueur, l'autre l'élévation latérale de la galerie vitrée du passage d la rue de Rivoli. Cette galerie exécutée en 1825, en tôle de fer est parfaitement solide; elle a cent pieds de longueur, sous le comble qu en a vingt d'élévation.

RAMPES D'ESCALIERS.

La planche 27 représente deux rampes d'escalier, la première destinée à monter sur une terrasse, est établie sur un escalier en pierre elle est surmontée d'une plate-bande avec moulures, les barreaux sont ronds, et ceux des angles et des extrémités d'un diamètre plu forts que les autres, sont surmontés chacun d'une boule; les pieds de ces barreaux sont assemblés dans un limon inférieur très épais e scellés dans les appuis des escaliers.

La fig. 2 de la même planche, représente un escalier d'intérieur et tournant, dont les trois premières marches sont en pierre et les autres en bois, le premier barreau de cet escalier est en fer tourné et poli, les autres sont en fer noir, ce premier barreau est scellé dans la masse du troisième degré en pierre, les autres le sont dans un limon en fer et dans l'épaisseur de la charpente; ils portent en amortissement une rampe en bois.

Voir pour ce qui regarde les escaliers et leurs rampes, le traité de la charpente.

FIN

A. FIRAN DELAFOREST, IMPRIMEUR DE MONSIEUR DE DAUPHIN ET DE LA COUR DE CASSATION, RUE DES NOYERS, N° 57.

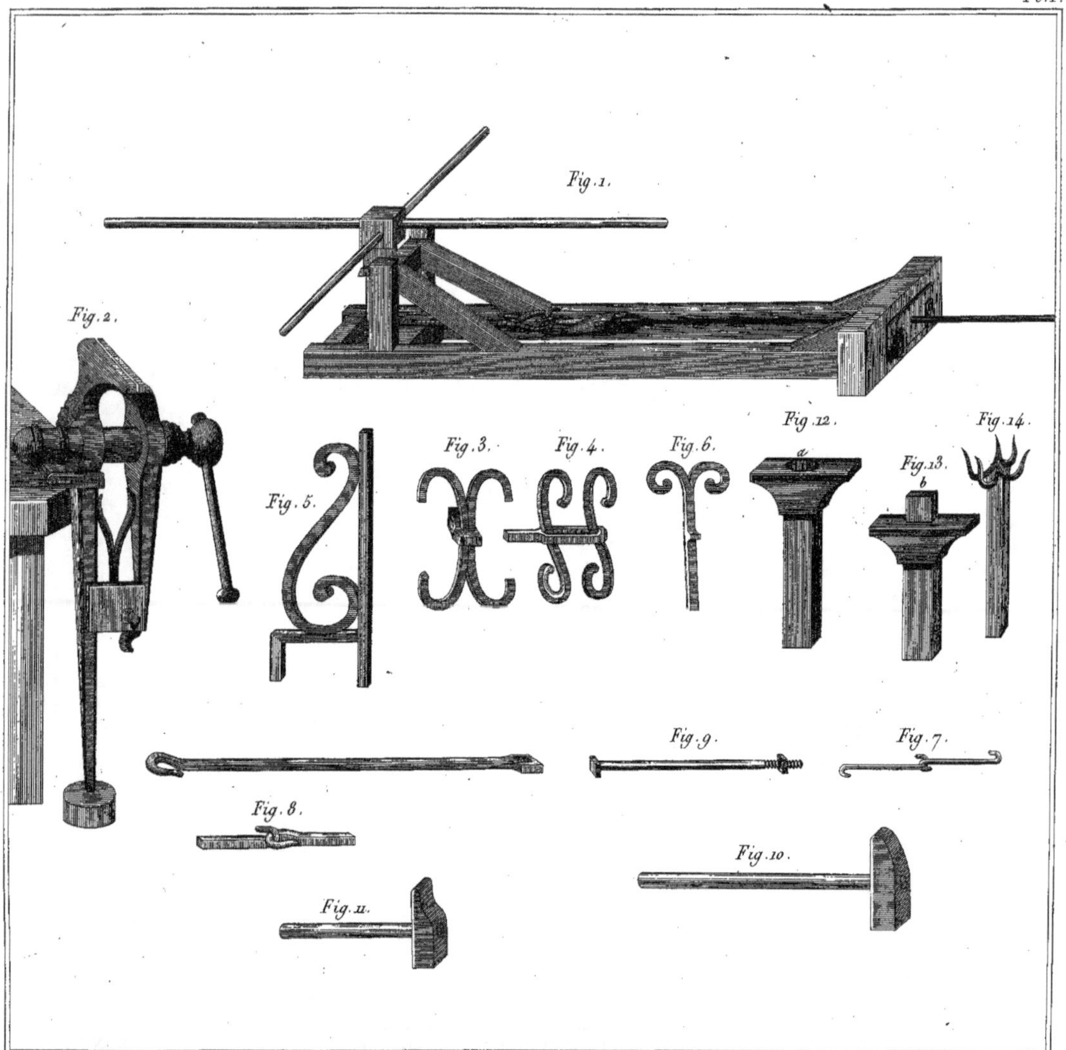

Fig. 1.

Fig. 2.

Fig. 5.

Fig. 3.

Fig. 4.

Fig. 6.

Fig. 12.
a

Fig. 13.
b

Fig. 14.

Fig. 9.

Fig. 7.

Fig. 8.

Fig. 10.

Fig. 11.

Fig. 1.

Fig. 2.

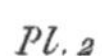

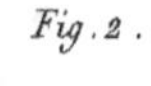

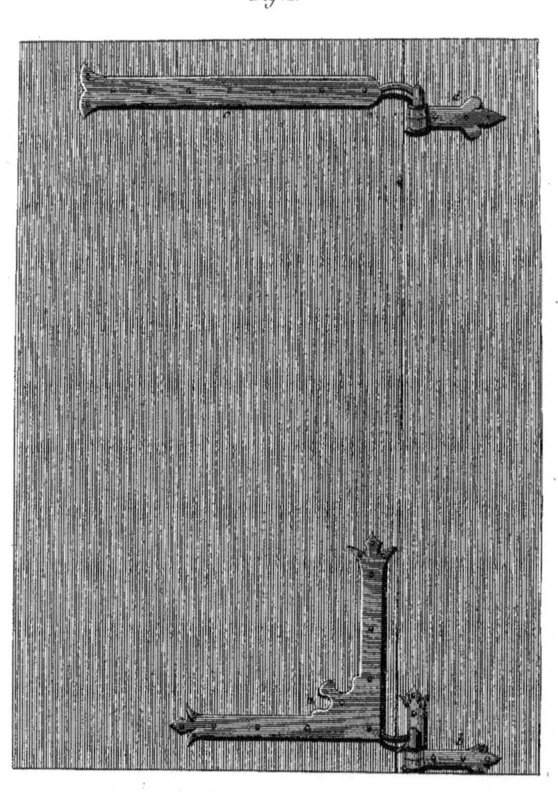

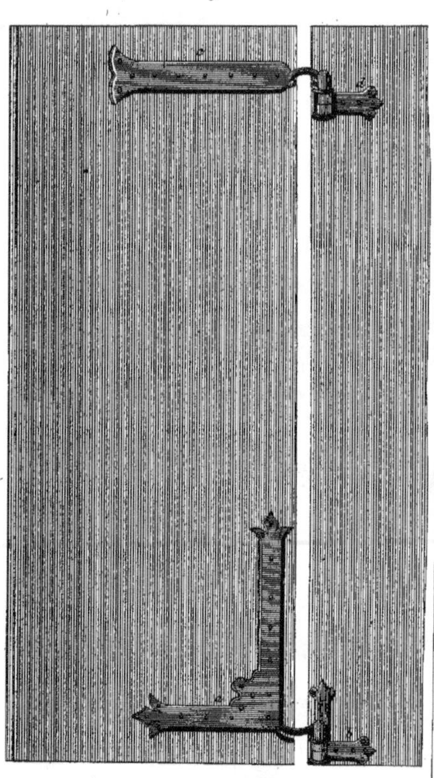

Fig. 3.

Fig. 4.

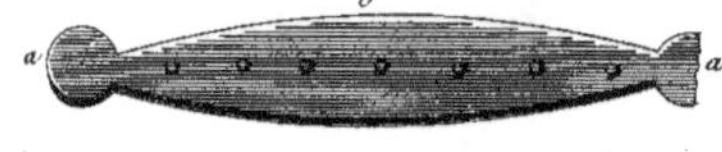

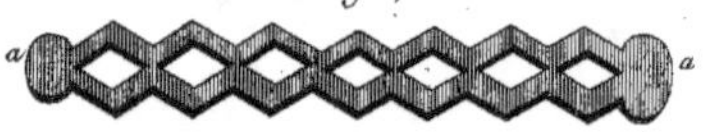

Monnin del.

Guiguet sculp.

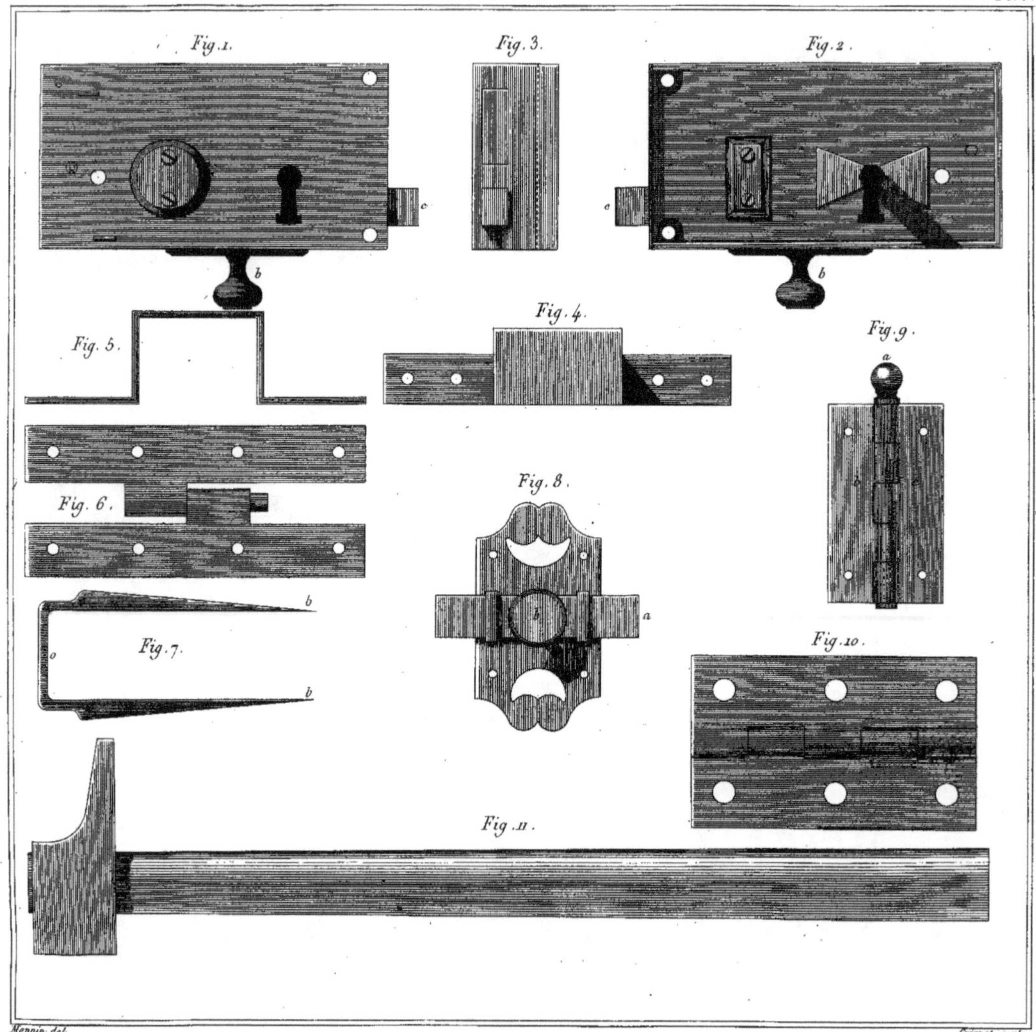
Fig. 1.
Fig. 3.
Fig. 2.
b
b
Fig. 5.
Fig. 4.
Fig. 9.
a
b
Fig. 6.
Fig. 8.
Fig. 10.
b
a
Fig. 7.
b
o
b
Fig. 11.

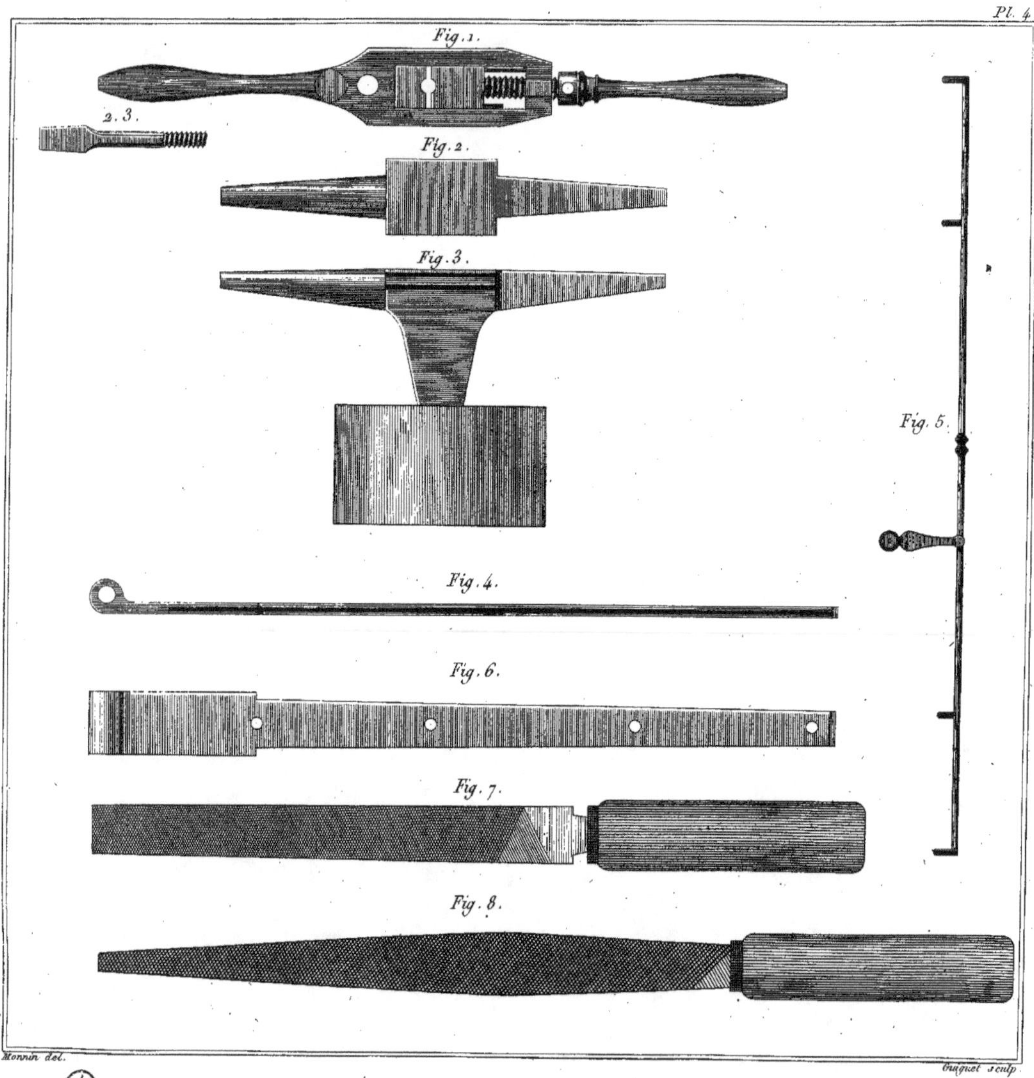
Fig. 1.
2. 3.
Fig. 2.
Fig. 3.
Fig. 5.
Fig. 4.
Fig. 6.
Fig. 7.
Fig. 8.

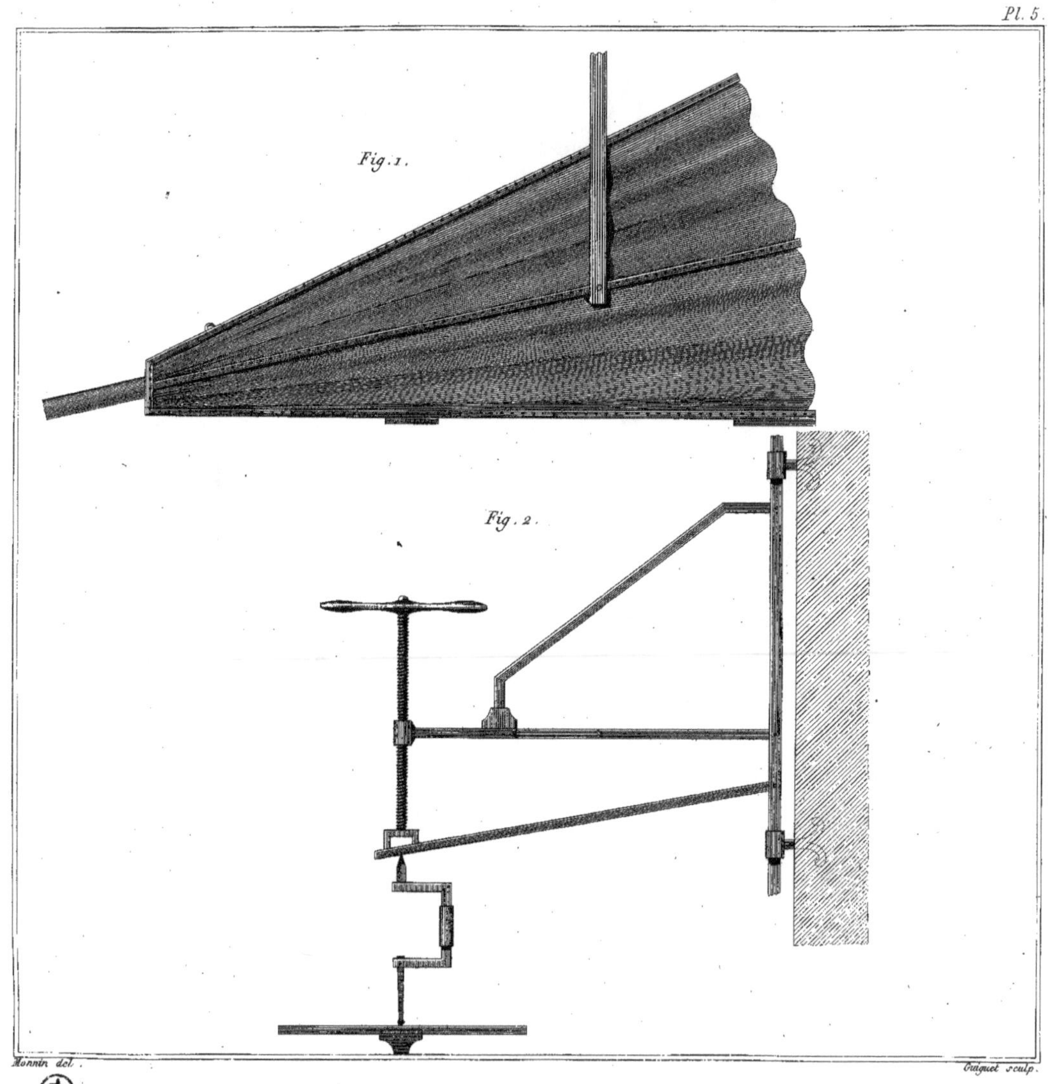

Pl. 5.
Fig. 1.
Fig. 2.
Monnin del.
Guiquet sculp.

Monnin del.
Guiguet sculp.

Monnin del.
Guiquet sculp.

Monnin del.

Gaiquet sculp.

Monnin del.   Braquet sculp.

Monnin del.
Guguet sculp.

Fig. 2.

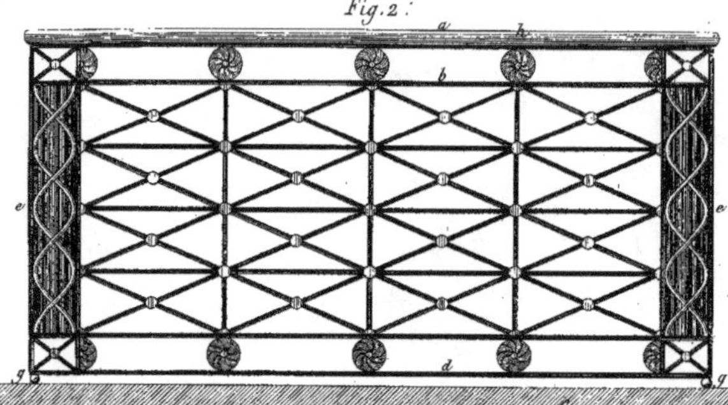

Fig. 1.

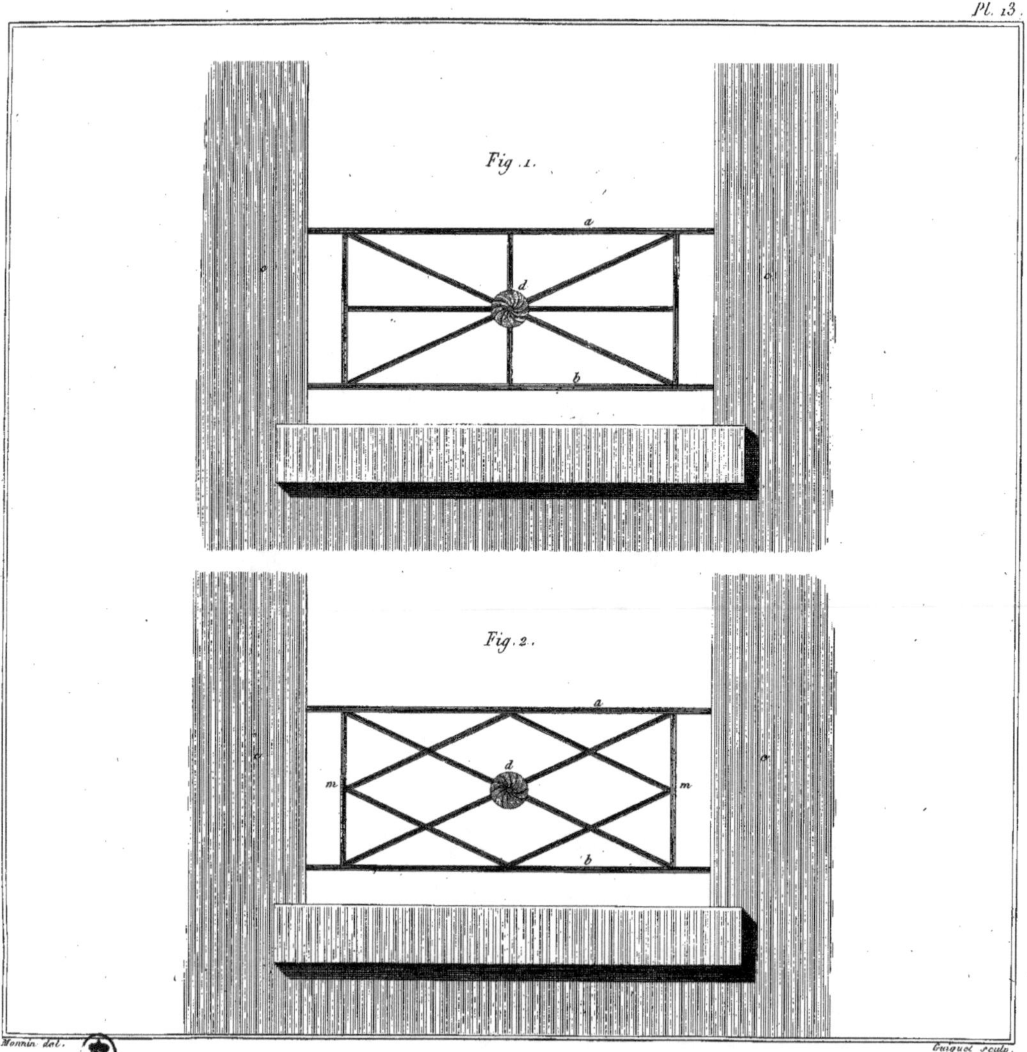

Fig. 1.
a
d
b
Fig. 2.
a
d
m
m
b
Hennin del.
Guiguet sculp.

Fig. 1.
Fig. 2.
Monnin del.
Guiguet sculp.

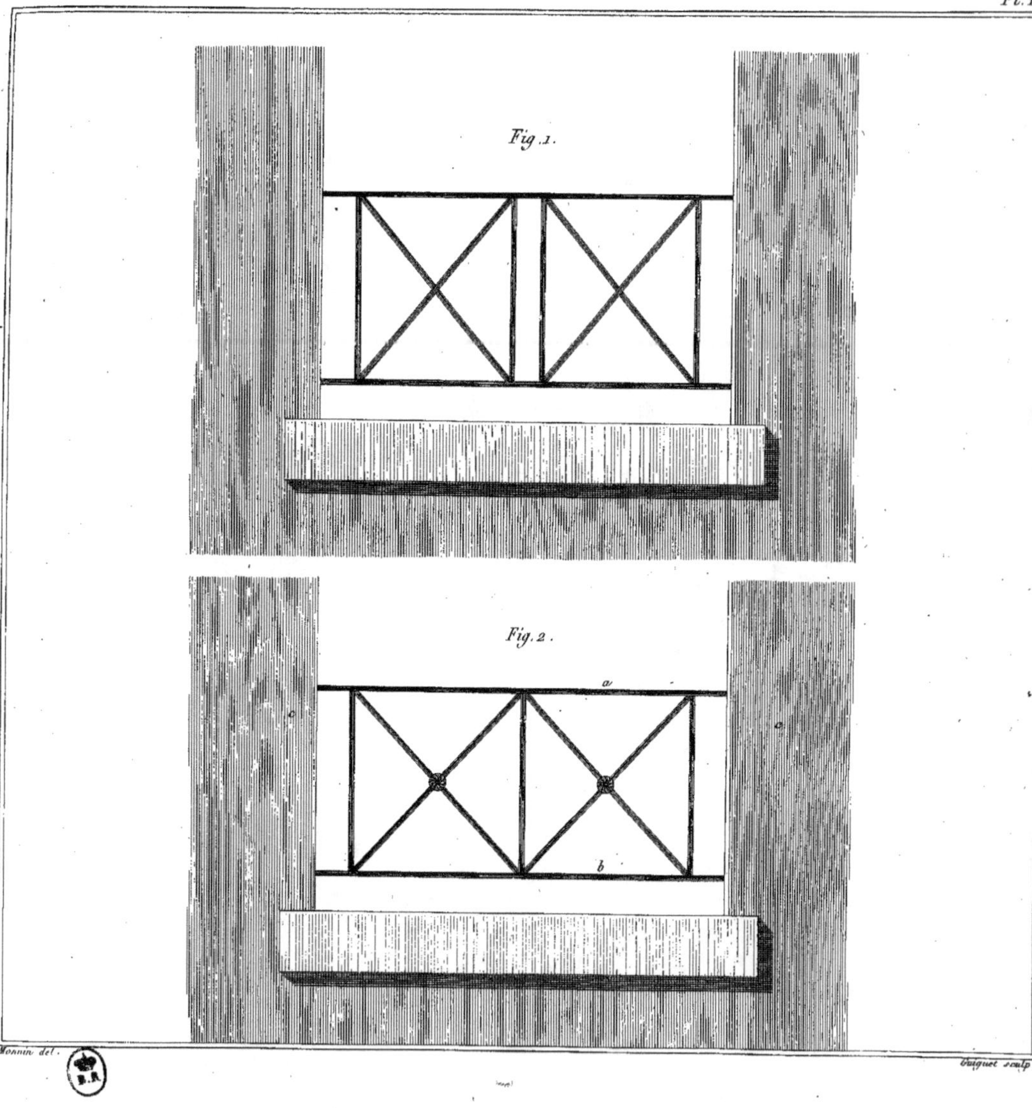

Pl. 1
Fig. 1.
Fig. 2.
a
b
Monnin del.
Guiguet sculp.

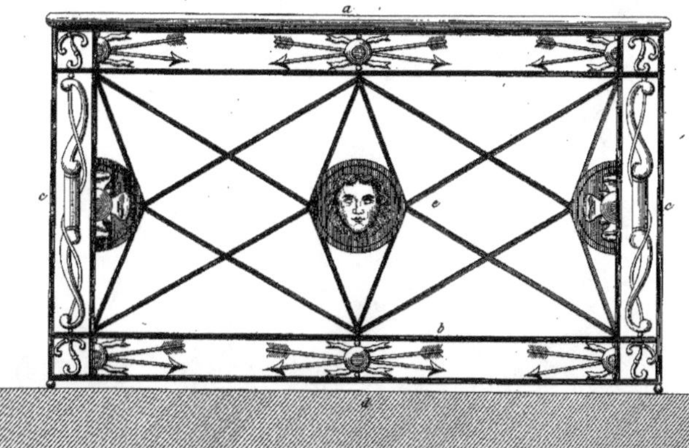

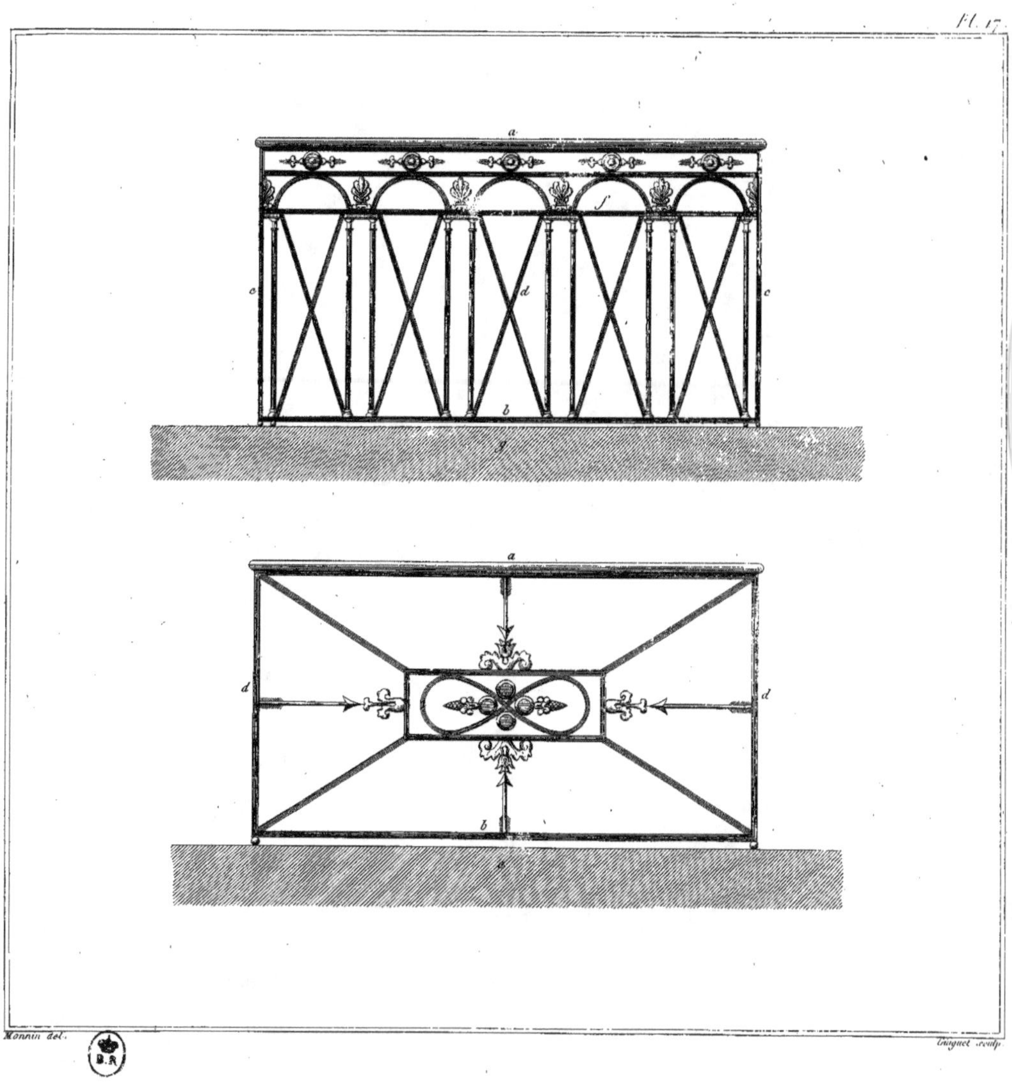

a
f
c
d
c
b
g
a
d
d
b

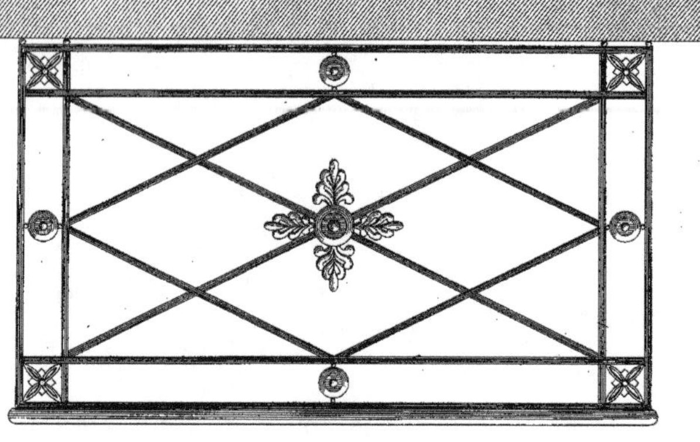

Renaut del.
Guignet sculp.
Pl. 1

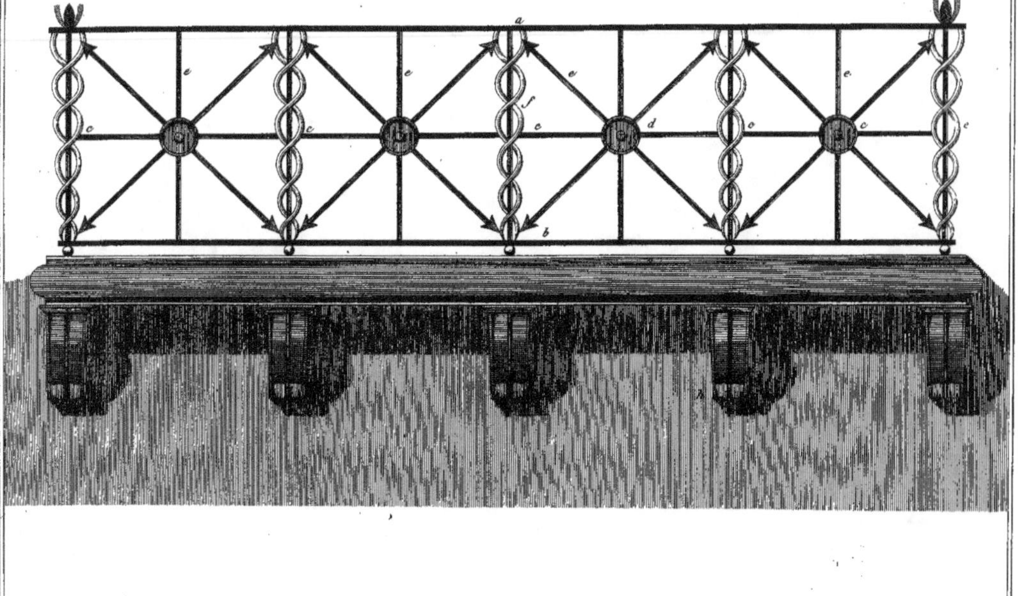

Menus del.
Duquet sculp.
Pl. 19.

Monnin del.
Guiguet sculp.

Fig. 1.

Fig. 2.

Fig. 1.
Fig. 2.
Monnin del.
Guiguet sculp.

Fig. 1.
Fig. 2.

Fig. 3.
Fig. 2.
Fig. 1.
Fig. 4.
Monnin del.
Giraquet sculp.

Fig. 2.

Fig. 1.

Fig. 4.
Fig. 3.
Fig. 2.
Fig. 1.

Fig. 2.

Fig. 1.